INVENTAIRE
V.8 36

SOLFÉGE

DE RODOLPHE

ÉDITION PANSERON

AVEC ACCOMPAGNEMENT

DE

PIANO ou ORGUE

PAR

ED. BATISTE

PROFESSEUR AU CONSERVATOIRE,
ORGANISTE DE SAINT-EUSTACHE ET DIRECTEUR DE LA SOCIÉTÉ CHORALE DU CONSERVATOIRE.

Prix net : 8 francs.

LE MÊME SOLFÉGE, ÉDITION PANSERON, GRAND FORMAT, SANS ACCOMPAGNEMENT, NET : 5 FR.

PARIS

AU MÉNESTREL, 2 bis, RUE VIVIENNE

HEUGEL ET Cie, ÉDITEURS-FOURNISSEURS DU CONSERVATOIRE.

SOLFÉGE
DE RODOLPHE

ÉDITION-PANSERON

AVEC ACCOMPAGNEMENT

DE

PIANO ou ORGUE

PAR

ED. BATISTE

PROFESSEUR AU CONSERVATOIRE,

ORGANISTE DE SAINT-EUSTACHE ET DIRECTEUR DE LA SOCIÉTÉ CHORALE DU CONSERVATOIRE.

Prix net : 8 francs.

LE MÊME SOLFÉGE, ÉDITION PANSERON, GRAND FORMAT, SANS ACCOMPAGNEMENT, NET : 5 FR.

PARIS

AU MÉNESTREL, 2 bis, RUE VIVIENNE

HEUGEL ET Cⁱᵉ, ÉDITEURS, FOURNISSEURS DU CONSERVATOIRE.

1864

Paris. — Imprimerie de Ad. Lainé et J. Havard, rue des Saints-Pères, 19.

AVERTISSEMENT.

C'est aux institutions, aux maisons religieuses, aux orphéons de France et de Belgique que s'adresse plus particulièrement cette nouvelle édition du SOLFÉGE RODOLPHE, avec accompagnement de piano ou orgue. Les professeurs y trouveront les anciennes basses chiffrées, traduites en toutes notes par les soins de M. Édouard Batiste, professeur au Conservatoire, organiste de Saint-Eustache et directeur de la société chorale du Conservatoire.

Dans cette édition in-8° publiée par les éditeurs du *Ménestrel*, non-seulement le précieux travail réalisé par Auguste Panseron dans la grande édition typographique Duverger a été religieusement conservé, mais M. Édouard Batiste, par l'addition de doubles notes, au grave comme à l'aigu des leçons d'un diapason trop étendu, a rendu le SOLFÉGE RODOLPHE encore plus applicable à toutes les voix.

D'ailleurs le RODOLPHE-PANSERON, imprimé en grand format d'après les procédés typographiques de Duverger, existe toujours tel qu'il a été publié dans l'origine, et une nouvelle édition vient d'en être faite par les soins de MM. Lainé et Havard, successeurs de l'imprimerie Firmin Didot. Cette nouvelle édition, précédée de la préface de M. E. Duverger, que nous nous faisons un devoir de reproduire ici textuellement, est également en vente au *Ménestrel*, 2 *bis*, rue Vivienne.

Voici cette préface :

« Quoiqu'il existe plusieurs Méthodes de musique, le Solfége de Rodolphe est resté le livre élémentaire de l'instruction musicale en France. Il doit cette préférence à la simplicité de son plan et de sa rédaction, à la grâce de ses mélodies, peut-être aussi aux habitudes de MM. les Professeurs.

« Le nouvel éditeur, inventeur de procédés qui lui permettent de réduire le prix des ouvrages destinés à l'enseignement de la musique, devait naturellement jeter les yeux sur ce Solfége; mais, ne voulant rien négliger pour procurer au public des avantages de tout genre, il a recherché si cette Méthode n'avait pas besoin d'être modifiée, et il s'est adressé à un professeur dont le nom seul garantissait des améliorations, si des changements étaient jugés nécessaires.

« Depuis longtemps on se plaint, et avec raison, que le Solfége de Rodolphe soit noté trop haut; il fatigue les voix, et peut même leur porter un très-grand préjudice. Pour solfier les notes *fa, sol, la, si*, qu'il présente fréquemment, elles ont besoin de faire des efforts qui, après six mois, peuvent leur avoir causé un tort irréparable. On peut attribuer le manque de voix qui se fait remarquer à la mauvaise direction des premières études vocales. Pour soulager et ménager l'organe, quelques professeurs prennent le parti de baisser le diapason, sans changer la dénomination des notes; mais ce remède présente un grave inconvénient : l'habitude de la transposition donne aux élèves un sentiment faux de la tonalité, en sorte qu'ils se trouvent tout déroutés quand un instrument leur demande la véritable intonation.

« M. Panseron, par suite des observations qu'il a faites en Italie, et par son expérience dans le professorat, a pensé qu'il était de toute nécessité de revoir le Solfége de Rodolphe avant d'en publier une nouvelle édition. Il a jugé indispensable de modifier, en respectant l'harmonie, tous les passages qui s'élevaient au-dessus du *sol* aigu, et même de ménager l'emploi de cette note, qu'il regarde, surtout pour les enfants et les jeunes personnes, comme l'apogée de la voix dans l'étude du Solfége. Quelquefois il a transposé les leçons en entier plutôt que d'altérer les mélodies. Ainsi certaines leçons en *mi majeur* ont été mises, selon le besoin, en *ré* ou en *ut*. Très-rarement l'ordre adopté par l'auteur a été interverti.

« M. Panseron a également revu, commenté, rectifié les principes qui sont en tête de l'ouvrage.

« Il a reçu pour l'ensemble de son travail le suffrage qu'il pouvait le plus envier, celui de l'illustre compositeur que tant de titres ont appelé à diriger le premier établissement musical de France.

« Rien n'a été négligé pour la correction du texte. Comme cette édition est exécutée par les procédés de la stéréotypie, elle a pu recevoir déjà diverses rectifications, et l'on fera disparaître successivement les fautes que l'usage journalier viendrait à signaler. »

Toutes les additions et remarques de M. PANSERON sont en note et désignées par la lettre P.

CONSERVATOIRE DE MUSIQUE.

Paris, le 29 juin 1837.

A Monsieur PANSERON, Professeur de Chant
au Conservatoire.

J'ai examiné avec intérêt, Monsieur, le travail que vous avez fait sur le Solfége de Rodolphe, et je donne mon approbation pour son emploi dans les classes du Conservatoire. Si cet ouvrage continue à servir à l'enseignement de la musique en France, il faut espérer qu'avec les rectifications que vous y avez faites, et qui étaient indispensables, les voix des jeunes élèves ne seront plus altérées par des leçons trop hautes. Peut-être notre Conservatoire s'en ressentira-t-il; ce sera un nouveau service rendu par vous à l'établissement national auquel vous appartenez.

Agréez, Monsieur, l'assurance de ma considération distinguée.

Le Directeur du Conservatoire de musique,

L. CHERUBINI.

SOLFÉGES ET TRAITÉS D'HARMONIE

SOLFÉGES DU CONSERVATOIRE
PAR CATEL, CHERUBINI, MÉHUL, GOSSEC, ETC.
EN CINQ LIVRES

		f. c.
1er livre :	Principes élémentaires de musique suivis de gammes	15 »
2e —	Solféges d'une difficulté progressive	15 »
3e —	Solféges dans tous les tons et sur toutes les clefs	20 »
	Les 3 livres réunis	45 »
4e —	Solféges d'une difficulté progressive, à une voix	25 »
5e —	Solféges à 2, 3 et 5 voix	30 »
	Les 4e et 5e livres réunis	45 »

SOUS PRESSE : Nouvelle édition in-4° des *Solféges du Conservatoire* avec la basse chiffrée transcrite pour piano ou orgue.

L. Cherubini. Solféges à changements de clefs, composés pour les examens et les concours du *Conservatoire* .... 30 »

— Solfége contenant des leçons sur toutes les clefs et à changements de clefs avec accompagnement de basse chiffrée, composé pour l'usage des classes du *Conservatoire* .... 42 »

SOUS PRESSE
SOLFÉGE D'ITALIE Nouvelle édition, in-8°. Net .... 12 »

Léopold Aimon. Abécédaire musical. Exposé des principes de la musique, par demandes et par réponses, nouvelle édition, revue et corrigée. Net .... 1 »

Lettres à Clémence sur la musique, par Mme E. L., un volume in-18. Prix net .... 2 »

TRAITÉS COMPLETS
D'HARMONIE ET D'INSTRUMENTATION
ADOPTÉS AU CONSERVATOIRE

		f. c.
Catel	Traité d'Harmonie du *Conservatoire*, complété par Le Borne. Net	15 »
J. Catrufo,	Traité complet des Voix et des Instruments à l'usage des personnes qui veulent écrire la partition	15 »
	Tableau général des Voix et des Instruments	2 »
Cherubini.	Grand Traité de Contre-point et de Fugue, adopté pour l'enseignement dans les classes du Conservatoire.	
	2e édition. Net	18 »
—	*Traité pratique d'Harmonie : Marches d'harmonie* pratiquées dans la composition, produisant des suites régulières de consonnances et de dissonances, adoptées pour l'enseignement dans les classes du Conservatoire.	
	2e édition. Net	15 »
V. Dourlen,	Traité d'Accompagnement à l'usage des pianistes et des chanteurs qui désirent étudier l'harmonie et la composition. (Adopté par le Conservatoire)	24 »
Georges Kastner.	Cours d'Instrumentation, considéré sous les rapports poétique et philosophique de l'art, à l'usage des jeunes compositeurs. (Adopté au Conservatoire)	30 »
	Supplément au Cours d'Instrumentation (Instruments Sax)	10 »
—	Deux Tableaux analytiques, renfermant tous les principes de la musique. Net, chacun	1 »
	Deux Tableaux analytiques, renfermant tous les principes de l'harmonie. Net, chacun	1 30

SOLFÉGE DE RODOLPHE.

PREMIÈRE PARTIE.

PRINCIPES ÉLÉMENTAIRES DE MUSIQUE.

ARTICLE I [1].

DE LA POSITION DE LA CLEF [2].

Demande. Où pose-t-on la clef de *sol*? — *Réponse.* Sur la seconde ligne.

<table>
<tr><td>Clef de sol</td><td></td><td>Cinquième ligne.
Quatrième
Troisième
Deuxième
Première</td></tr>
</table>

(1) Il sera nécessaire de faire apprendre aux élèves les cinq premiers articles des principes, qui leur donneront les connaissances primitives, et qu'il est indispensable de savoir avant de solfier.

Le premier de ces articles donne la connaissance de la clef, et le second celle du nombre des notes, des tons et des demi-tons qui se trouvent entre elles. Le troisième article traite de la valeur des notes, le quatrième de celle du point, et le cinquième de la valeur des silences. Quant aux autres articles, les maîtres, pour ne point surcharger la mémoire des écoliers, auront l'attention de ne les leur faire apprendre qu'autant qu'ils seront assez avancés pour les bien concevoir et ne rien confondre.   (P.)

(2) Lorsque l'élève en sera venu à solfier les clefs autres que la clef de *sol*, on lui fera connaître les principes suivants, qui ont été omis par Rodolphe.

Il y a en musique huit espèces de clefs sous trois formes différentes :

Deux clefs de *sol* , quatre clefs d'*ut* et deux clefs de *fa* :

La clef de *sol* se pose sur la première et sur la deuxième ligne :

La clef d'*ut* se pose sur la première, la seconde, la troisième et la quatrième ligne :

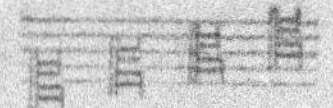

La clef de *fa* se pose sur la troisième et la quatrième ligne :

La note placée sur la ligne de la clef prend le nom de cette clef.

ARTICLE II.

DU NOMBRE DES NOTES QUI SERVENT A ÉCRIRE LA MUSIQUE.

D. Combien y a-t-il de *notes* dans la musique? — *R.* Sept.

D. Comment les nomme-t-on? — *R.* Ut, ré, mi, fa, sol, la, si.

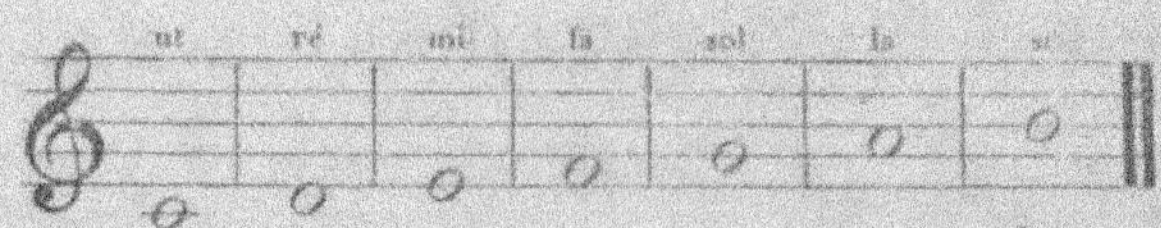

D. Combien ces sept notes font-elles de tons? — *R.* Cinq tons et deux demi-tons diatoniques lorsqu'on y joint l'octave, qui est la répétition du premier son.

D. Sur quels degrés se trouvent les deux demi-tons dans le mode majeur? — *R.* Du troisième au quatrième degré, et du septième au huitième degré (1).

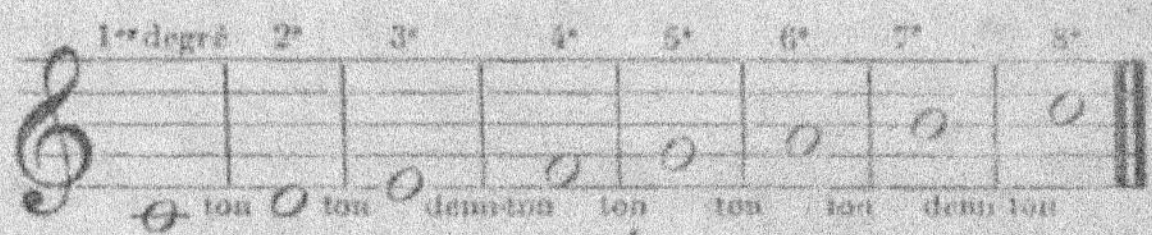

D. Sur quels degrés se trouvent les deux demi-tons dans le mode mineur? — *R.* Du deuxième au troisième degré, et du septième au huitième degré.

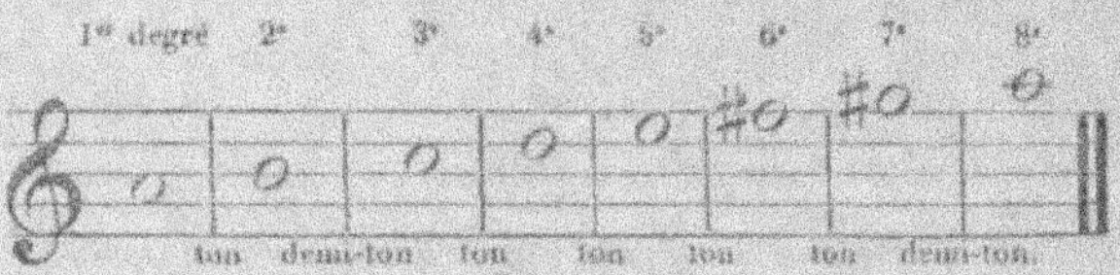

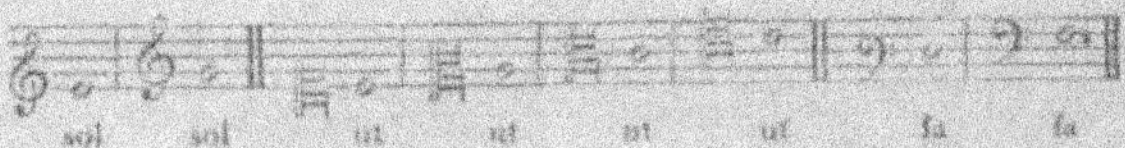

La clef de *sol* première ligne, donnant la même note que la clef de *fa* quatrième ligne à deux octaves au-dessus, a cessé d'être en usage.

Rodolphe, en faisant les leçons sur les clefs d'*ut* et sur la clef de *fa*, a eu le dessein, non de fatiguer inutilement les écoliers par une nouvelle étude, mais seulement de leur faciliter les moyens de les apprendre sans beaucoup de difficultés et en peu de temps; c'est pourquoi il a choisi de préférence le genre des petits airs comme moins ennuyeux et non moins utile pour ce genre d'étude. (P.)

(1) Il y a deux sortes de degrés : le degré *conjoint* ou *diatonique* et le degré *disjoint*.

Le degré conjoint est le plus petit de tous les intervalles : il n'embrasse qu'un intervalle de seconde; ainsi *ut-ré* et *ré-mi* sont des degrés conjoints, vu qu'il n'y a qu'un intervalle de seconde d'*ut* à *ré* comme de *ré* à *mi*.

Marche diatonique signifie la même chose que marche par degrés conjoints.

La *gamme*, soit en montant, soit en descendant, se nomme *gamme diatonique*, ou *gamme par degrés conjoints*.

Le degré disjoint est celui qui embrasse un plus grand intervalle que celui de seconde; ainsi *ut mi*, *ut fa*, et *sol ut la*, *ut si* sont autant de degrés disjoints, vu que le plus petit de ces intervalles excède l'intervalle de seconde. (P.)

ARTICLE III.

DE LA VALEUR DES NOTES.

D. Combien *la ronde* vaut-elle de blanches? — *R.* Deux.
D. Combien *la ronde* vaut-elle de noires? — *R.* Quatre.
D. Combien *la ronde* vaut-elle de croches? — *R.* Huit.
D. Combien *la ronde* vaut-elle de doubles-croches? — *R.* Seize.
D. Combien *la ronde* vaut-elle de triples-croches? — *R.* Trente-deux.
D. Combien *la ronde* vaut-elle de quadruples-croches? — *R.* Soixante-quatre.

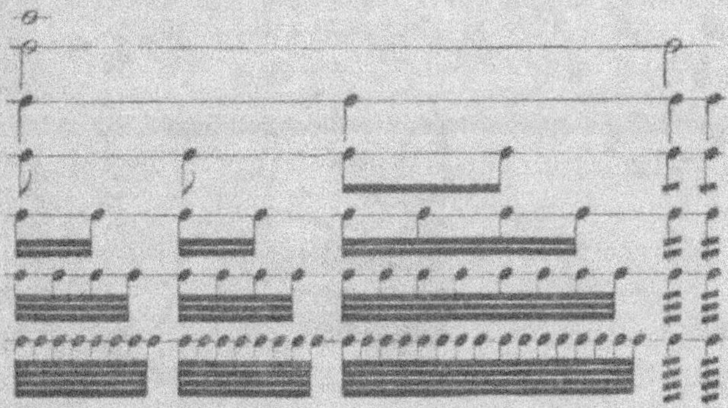

D. Combien *la blanche* vaut-elle de noires? — *R.* Deux.
D. Combien *la blanche* vaut-elle de croches? — *R.* Quatre.
D. Combien *la blanche* vaut-elle de doubles-croches? — *R.* Huit.
D. Combien *la blanche* vaut-elle de triples-croches? — *R.* Seize.
D. Combien *la blanche* vaut-elle de quadruples-croches? — *R.* Trente-deux.

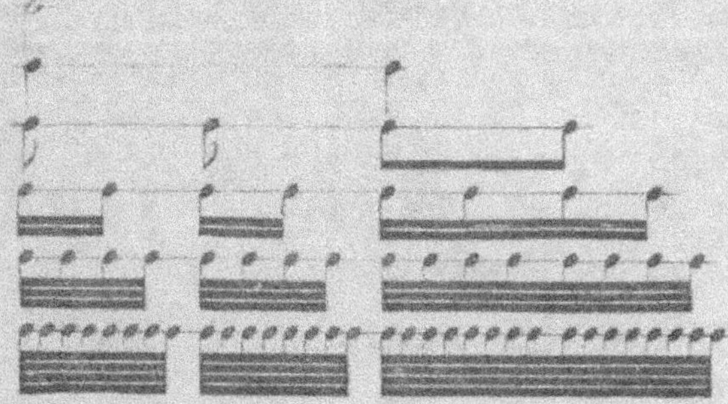

D. Combien *la noire* vaut-elle de croches? — *R.* Deux.
D. Combien *la noire* vaut-elle de doubles-croches? — *R.* Quatre.

D. Combien *la noire* vaut-elle de triples-croches? — *R.* Huit.
D. Combien *la noire* vaut-elle de quadruples-croches? — *R.* Seize.

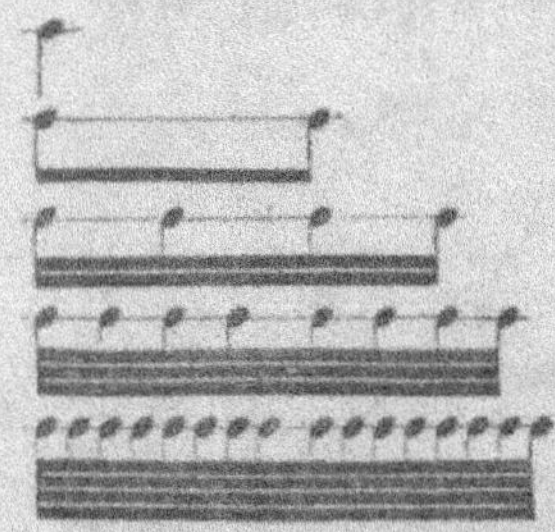

D. Combien *la croche* vaut-elle de doubles-croches? — *R.* Deux.
D. Combien *la croche* vaut-elle de triples-croches? — *R.* Quatre.
D. Combien *la croche* vaut-elle de quadruples-croches? — *R.* Huit.

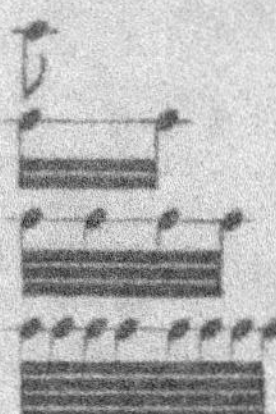

D. Combien *la double-croche* vaut-elle de triples-croches? — *R.* Deux.
D. Combien *la double-croche* vaut-elle de quadruples-croches? — *R.* Quatre.

D. Combien *la triple-croche* vaut-elle de quadruples-croches? — *R.* Deux.

ARTICLE IV.

DE LA VALEUR DU POINT APRÉS LA NOTE.

D. Que fait le point après une note quelconque? — *R.* Il augmente la note de la moitié de sa valeur.

D. Combien vaut une ronde avec un point ? — *R.* Trois blanches .

D. Combien vaut une blanche avec un point ? — *R.* Trois noires .

D. Combien vaut une noire avec un point ? — *R.* Trois croches .

D. Combien vaut une croche avec un point ? — *R.* Trois doubles-croches .

D. Combien vaut une double-croche avec un point ? — *R.* Trois triples-croches .

D. Combien vaut une triple-croche avec un point ? — *R.* Trois quadruples-croches .

Un second point augmente encore la note de la moitié de la valeur du premier point.

Exemples :

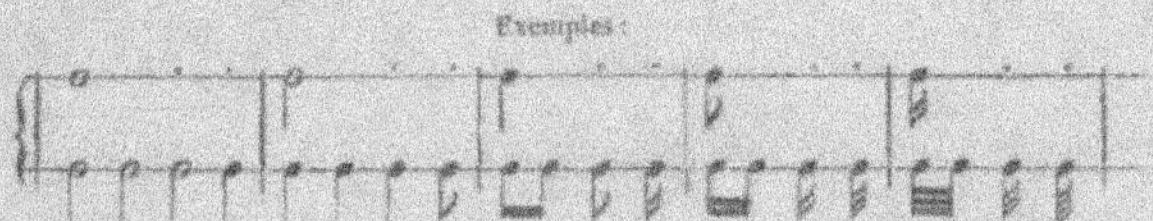

Le point et le second point se placent aussi après les silences avec les mêmes conditions de valeurs que pour les notes.

Il y a des groupes de trois et de six notes, désignés par un 3 ou par un 6, qu'on appelle *triolets* et *sixaines ;* les triolets prennent la valeur de deux notes, et les sixaines la valeur de quatre (1).

Exemples :

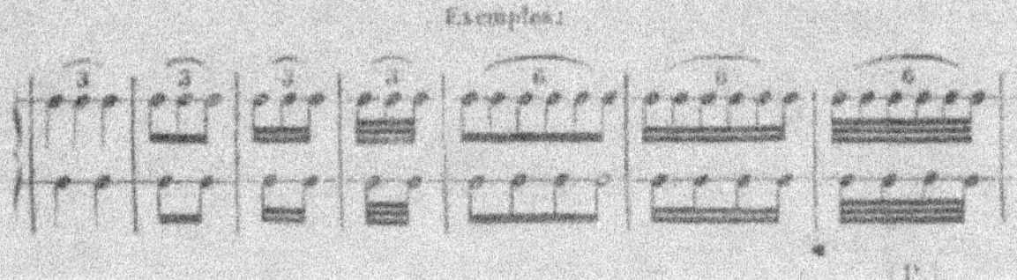

(P.)

---

(1) Ce n'est pas sans difficulté que l'on parvient à exécuter les triolets. Lorsque l'on commence à s'y exercer, il faut rester un peu sur la première note et précipiter les deux dernières, de manière à faire presque une croche et deux doubles-croches si le triolet est de trois croches.

Quelquefois on rencontre dans les *fioritures* ou dans la musique de piano des notes de même valeur en nombre impair ; il devient impossible alors de les diviser en parties parfaitement égales ; il faut s'appliquer à les exécuter dans le temps de la valeur qu'elles occupent.

Ces sortes de divisions sont toujours en plus et jamais en moins de la division exacte du temps.

Exemple 1.   Exemple 2.

Les cinq croches de l'exemple 1 s'exécuteront dans la durée d'une blanche ou de quatre croches, et les onze doubles croches de l'exemple 2, dans la durée d'une blanche ou de huit doubles-croches.

(P.)

ARTICLE V.

DU NOM ET DE LA VALEUR DES SILENCES.

D. Comment marque-t-on le silence d'une ronde? — *R.* Par une pause ━ . (La pause se place sous la ligne.)

D. Comment marque-t-on le silence d'une blanche? — *R.* Par une demi-pause . (La demi-pause se place sur la ligne.)

D. Comment marque-t-on le silence d'une noire? — *R.* Par un soupir .

D. Comment marque-t-on le silence d'une croche? — *R.* Par un demi-soupir .

D. Comment marque-t-on le silence d'une double-croche? — *R.* Par un quart de soupir .

D. Comment marque-t-on le silence d'une triple-croche? — *R.* Par un huitième ou demi-quart de soupir .

D. Comment marque-t-on le silence d'une quadruple-croche? — *R.* Par un seizième de soupir .

D. Comment marque-t-on le silence de deux mesures? — *R.* Par un seul signe que l'on nomme bâton de deux pauses .

D. Comment marque-t-on le silence de quatre mesures? — *R.* Par un seul signe que l'on nomme bâton de quatre pauses .

La pause sert aussi de silence pour toute espèce de mesure.

Assez généralement on indique par un chiffre au-dessus du signe le nombre des mesures qu'il faut compter en silence, et, quand on a un nombre qui excède celui de quatre, on le marque avec les signes désignés ci-dessus, répétés autant de fois qu'il est nécessaire pour former le nombre que l'on désire.

(P.)

ARTICLE VI.

DES SIGNES DE MESURE.

D. Combien y a-t-il de mesures usitées? — *R.* Trois : la mesure à *quatre temps*, la mesure à *deux temps* et la mesure à *trois temps*.

D. Comment se marque la mesure à quatre temps? — *R.* Par un C.

D. Comment se marque la mesure à deux temps? — *R.* Par le chiffre **2**, ou par le chiffre **2** avec un **4** dessous, ou par un C (barré).

D. Comment se marque la mesure à trois temps? — *R.* Par le chiffre **3**, ou par le chiffre **3** avec un **4** dessous.

MESURES:

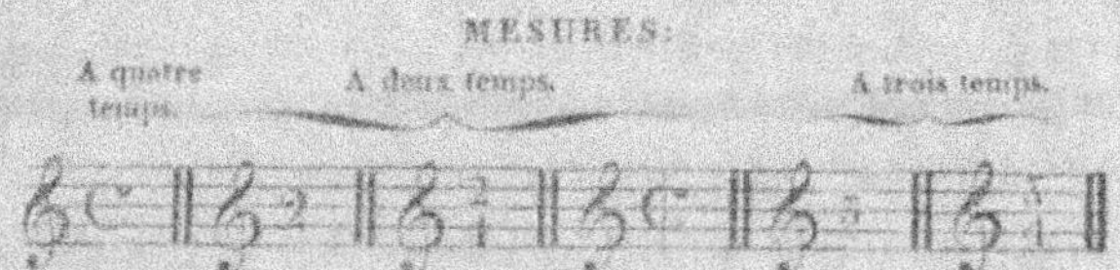

Battre la mesure, c'est indiquer par des mouvements de bras la division des temps qui la composent.

À deux temps, le 1er temps est frappé et le 2e levé.

À trois temps, le 1er est frappé, le 2e marque à droite, le 3e levé.

À quatre temps, le 1er est frappé, le 2e marque à gauche, le 3e à droite et le 4e levé[1].

(P.)

ARTICLE VII.

DES SIGNES DES MESURES COMPOSÉES, DÉRIVÉES DES MESURES SIMPLES.

D. Combien y a-t-il de mesures composées? — *R.* Trois : la mesure à *douze-huit*, la mesure à *six-huit*, et la mesure à *trois-huit*.

D. Comment se marque la mesure à douze-huit? — *R.* Par le chiffre **12** avec un **8** dessous.

---

[1] En Italie, les maîtres de chapelle battent la mesure d'une autre manière, préférable à quelques égards. Pour la mesure à trois temps, les deux premiers temps sont frappés et le troisième est levé; à quatre temps, les deux premiers sont frappés et les deux derniers levés. De cette manière, après le second temps, tous les musiciens d'un nombreux orchestre ont saisi le mouvement, au lieu que, d'après la méthode usitée en France, il faut au moins deux mesures pour l'exécutant qui ne regarde pas le chef d'orchestre. (P.)

D. Comment se marque la mesure à six-huit? — *R.* Par le chiffre **6** avec un **8** dessous.

D. Comment se marque la mesure à trois-huit? — *R.* Par le chiffre **3** avec un **8** dessous.

MESURES:

A douze-huit, dérivée de la mesure à quatre temps.   A six-huit, dérivée de la mesure à deux temps.   A trois-huit, dérivée de la mesure à trois temps.

Règle. — Lorsque la mesure est indiquée par deux nombres placés l'un sur l'autre, si ces nombres sont pairs tous deux, la mesure se bat à deux temps; s'il y en a un d'impair, la mesure se bat à trois temps.

Comme seule exception, la mesure $\frac{12}{8}$ se bat à quatre temps.

Autre Règle. — Dans le même cas de deux nombres placés l'un sur l'autre pour marquer la mesure, le nombre inférieur indique quelles sont les valeurs de la ronde dont se compose la mesure, et le nombre supérieur en quelle quantité elles y entrent.

Ainsi dans la mesure $\frac{2}{4}$, le chiffre supérieur signifie que la mesure est formée de deux fois la valeur du nombre inférieur, qui lui-même indique que ces valeurs sont des quarts de ronde; le quart de la ronde étant la noire, $\frac{2}{4}$ signifiera que la mesure se compose de deux noires.

De même $\frac{3}{4}$ indique une mesure qui se compose de trois quarts de ronde ou trois noires.   (P.)

ARTICLE VIII.

DE LA POSITION DES DIÈSES.

D. Comment se posent les dièses? — *R.* De quinte en quinte en montant (1).

D. Où se pose le premier dièse? — *R.* Sur le *fa.*

D. Où se pose le second? — *R.* Sur l'*ut.*

D. Où se pose le troisième? — *R.* Sur le *sol.*

D. Où se pose le quatrième? — *R.* Sur le *ré.*

D. Où se pose le cinquième? — *R.* Sur le *la.*

D. Où se pose le sixième? — *R.* Sur le *mi.*

D. Où se pose le septième? — *R.* Sur le *si.*

D. Où se pose le huitième? — *R.* Sur le *fa.*

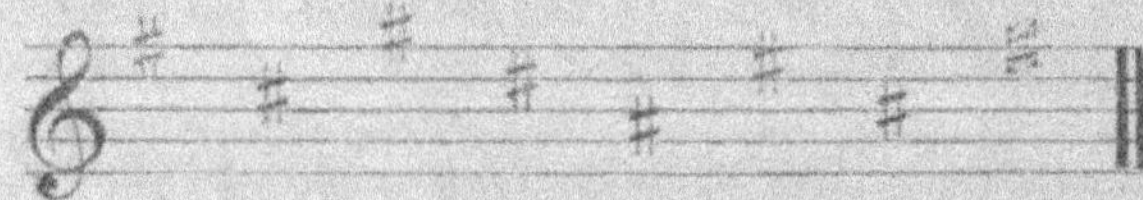

---

(1) Une quinte est l'espace de cinq degrés.

(2) Le huitième dièse est double et se nomme double dièse.

ARTICLE IX.

DE LA POSITION DES BÉMOLS.

D. Comment se posent les bémols? — *R.* De quinte en quinte en descendant.

D. Où se pose le premier bémol? — *R.* Sur le *si*.

D. Où se pose le second? — *R.* Sur le *mi*.

D. Où se pose le troisième? — *R.* Sur le *la*.

D. Où se pose le quatrième? — *R.* Sur le *ré*.

D. Où se pose le cinquième? — *R.* Sur le *sol*.

D. Où se pose le sixième? — *R.* Sur l'*ut*.

D. Où se pose le septième? — *R.* Sur le *fa*.

D. Où se pose le huitième? — Sur le *si* (1).

ARTICLE X.

DE LA FIGURE ET DE L'EFFET DU DIÈSE, DU BÉMOL ET DU BÉCARRE.

Le dièse se marque ainsi : ♯.

Le bémol se marque ainsi : ♭.

Le bécarre se marque ainsi : ♮.

D. Dans quel mode sont les notes naturelles? — *R.* Dans le ton d'*ut* naturel.

D. Que fait le dièse devant une note naturelle? — *R.* Il hausse la note d'un demi-ton chromatique.

D. Que fait le bémol devant une note naturelle? — *R.* Il baisse la note d'un demi-ton chromatique.

D. Comment faut-il que la note soit pour pouvoir mettre un dièse ou un bémol devant? — *R.* Il faut que la note soit naturelle.

D. Que fait le bécarre devant une note? — *R.* Il remet la note dans son ton naturel.

D. Comment faut-il que la note soit pour pouvoir mettre un bécarre devant? — *R.* Il faut que la note soit diésée ou bémolisée (2).

---

(1) Le huitième bémol est double et se nomme double bémol.

(2) On nomme *accident* tout dièse ou tout bémol qui n'est pas placé à la clef. Le bécarre qui dans le cours d'un morceau affecte une note diésée ou bémolisée à la clef est également un accident.

Tout accident placé devant une note n'a d'effet que pendant la durée de la mesure dans laquelle il est entré; à la mesure suivante les notes sont rétablies dans leur état primitif.　　　　　　　(P.)

Note naturelle.	La même note baissée d'un demi-ton par le moyen du dièse.	La note dièsée baissée d'un demi-ton par le moyen du bécarre.
Note naturelle.	La même note dièsée.	La même note remise dans son ton naturel.
Note naturelle.	La même note baissée d'un demi-ton par le moyen du bémol.	La note bémolisée haussée d'un demi-ton par le moyen du bécarre.
Note naturelle.	La même note bémolisée.	La même note remise dans son ton naturel.

ARTICLE XI.

DE LA DISTINCTION DU MODE MAJEUR ET DU MODE MINEUR.

D. Combien y a-t-il de modes (1)? — *R.* Deux, le mode majeur et le mode mineur.

D. Quel est le modèle des tons majeurs? — *R.* C'est le ton d'*ut* naturel.

D. Quel est le modèle des tons mineurs? — *R.* C'est le ton de *la* naturel.

D. Qu'entendez-vous par ton naturel? — *R.* C'est lorsqu'il n'y a ni dièses ni bémols à la clef.

MODE MAJEUR.

D. Où connaît-on lorsqu'un mode est majeur? — *R.* Quand il y a deux tons du premier au troisième degré.

Premier degré.   Deuxième degré.   Troisième degré.

D'*ut* à *ré* un ton.   De *ré* à *mi* un ton.

---

(1) *Mode* signifie l'union des trois sons principaux qui forment entre eux l'accord le plus parfait et qui font la base de la constitution de toute musique.

Les trois sons principaux qui constituent le mode sont : la *tonique* ou premier degré, la *tierce* ou troisième degré, et la *dominante* ou cinquième degré.

Le mode a deux genres, ou plutôt il y a deux genres de mode : le majeur et le mineur.

C'est toujours la tierce majeure qui caractérise le mode majeur, et la tierce mineure qui caractérise le mode mineur.

Voici la nomenclature complète des degrés ou notes de la gamme dans tous les tons : la première note se nomme *tonique*, la deuxième *sus-tonique*, la troisième *médiante*, la quatrième *sous-dominante*, la cinquième *dominante*, la sixième *sus-dominante*, la septième *sensible*, et la huitième *octave* ou *tonique*. (P.)

D. Où connaît-on lorsqu'un mode est mineur? — *R.* Quand il n'y a qu'un ton et un demi-ton du premier au troisième degré.

ARTICLE XII.

DU NOMBRE DE DIÈSES QU'IL FAUT A CHAQUE TON, AVEC SON TON RELATIF (1).

D. Dans quel ton est un morceau lorsqu'il n'y a ni dièses ni bémols à la clef?

R. En *ut* majeur ou en *la* mineur. (Voyez Ex. 1.)

D. Dans quel ton est-on avec un dièse à la clef?

R. En *sol* majeur ou en *mi* mineur. (Ex. 2.)

D. Et avec deux dièses?

R. En *ré* majeur ou en *si* mineur. (Ex. 3.)

D. Et avec trois dièses?

R. En *la* majeur ou en *fa* ♯ mineur. (Ex. 4.)

D. Et avec quatre dièses?

R. En *mi* majeur ou en *ut* ♯ mineur. (Ex. 5.)

D. Et avec cinq dièses?

R. En *si* majeur ou en *sol* ♯ mineur. (Ex. 6.)

D. Et avec six dièses (1)?

R. En *fa* ♯ majeur ou en *ré* ♯ mineur. (Ex. 7.)

D. Et avec sept dièses?

R. En *ut* ♯ majeur ou en *la* ♯ mineur. (Ex. 8.)

EXEMPLES:

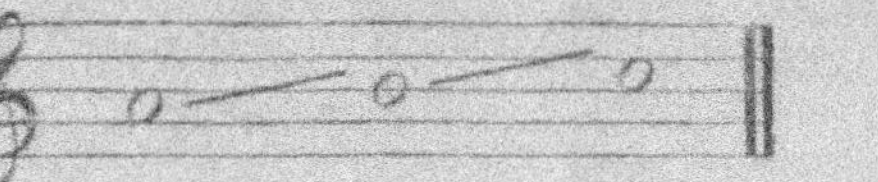

(1) Un ton est *relatif* d'un autre ton lorsqu'il est désigné à la clef par la même quantité de dièses ou de bémols. Ainsi le ton de *mi* mineur est relatif de *sol* majeur, vu qu'ils sont tous deux désignés à la clef par le même signe; il en est de même des autres tons. Voyez les exemples ci-dessus.

(2) Les deux derniers tons sont rarement usités.

ARTICLE XIII.

DU NOMBRE DE BÉMOLS QU'IL FAUT A CHAQUE TON, AVEC SON TON RELATIF.

D. Dans quel ton est un morceau avec un bémol à la clef?
R. En *fa* majeur ou en *ré* mineur. (Voyez Ex. 1.)
D. Et avec deux bémols?
R. En *si* ♭ majeur ou en *sol* mineur. (Ex. 2.)
D. Et avec trois bémols?
R. En *mi* ♭ majeur ou en *ut* mineur. (Ex. 3.)
D. Et avec quatre bémols?

R. En *la* ♭ majeur ou en *fa* mineur. (Ex. 4.)
D. Et avec cinq bémols?
R. En *ré* ♭ majeur ou en *si* ♭ mineur. (Ex. 5.)
D. Et avec six bémols (1)?
R. En *sol* ♭ majeur ou en *mi* ♭ mineur. (Ex. 6.)
D. Et avec sept bémols?
R. En *ut* ♭ majeur ou en *la* ♭ mineur. (Ex. 7.)

EXEMPLES:

(1) Les deux derniers tons sont rarement usités.

ARTICLE XIV.

MOYEN DE CONNAITRE LA TONIQUE DANS LES MODES MAJEURS ET MINEURS AVEC DES DIÈSES.

D. Dans les modes majeurs avec des dièses où se pose la tonique?

R. Un degré d'un demi-ton diatonique au-dessus du dernier dièse posé à la clef.

D. Dans les modes mineurs avec des dièses où se pose la tonique?

R. Un degré d'un ton au-dessous du dernier dièse posé à la clef.

TABLEAU DE TOUS LES MODES MAJEURS ET MINEURS AVEC DES DIÈSES.

Remarquez que chaque tonique est toujours posée un degré au-dessus du dernier dièse dans les modes majeurs, et un degré au-dessous du dernier dièse dans les modes mineurs avec dièses.

ARTICLE XV.

MOYEN DE CONNAITRE LA TONIQUE DANS LES MODES MAJEURS ET MINEURS AVEC DES BÉMOLS.

D. Dans les modes majeurs avec des bémols où se pose la tonique?

R. Quatre degrés au-dessous du dernier bémol posé à la clef (1).

D. Dans les modes mineurs avec des bémols où se pose la tonique?

R. Six degrés au-dessous du dernier bémol posé à la clef?

TABLEAU DE TOUS LES MODES MAJEURS ET MINEURS AVEC DES BÉMOLS.

Remarquez que chaque tonique est toujours posée quatre degrés au-dessous du dernier bémol dans les modes majeurs, et six degrés au-dessous du dernier bémol dans les modes mineurs avec bémols.

---

(1) Dans les mêmes modes avec plusieurs bémols l'avant-dernier bémol indique la position de la tonique; quand il n'y a qu'un seul bémol, il faut savoir que la tonique est *fa*.

(P.)

ARTICLE XVI.

POUR SE FAMILIARISER AVEC LES DEGRÉS DE TOUTES LES GAMMES.

D. Combien y a-t-il de notes dans la gamme?
R. Huit.
D. Combien les huit notes font-elles de degrés?

R. Huit.
D. Quel est le premier degré d'un mode quelconque?
R. C'est la tonique.

GAMME DU TON D'UT

SERVANT DE RÈGLE POUR TOUS LES TONS.

D. Dans le ton d'*ut* quel est le premier degré?
R. C'est l'*ut* ou *tonique*.
D. Quel est le second degré?
R. C'est le *ré* ou *sus-tonique*.
D. Quel est le troisième?
R. C'est le *mi* ou *médiante*.
D. Quel est le quatrième?
R. C'est le *fa* ou *sous-dominante*.
D. Quel est le cinquième?
R. C'est le *sol* ou *dominante*.

D. Quel est le sixième?
R. C'est le *la* ou *sus-dominante*.
D. Quel est le septième?
R. C'est le *si* ou *sensible*.
D. Quel est le huitième?
R. C'est l'*ut* ou *octave*.
D. Est-il nécessaire de nommer l'octave huitième degré?
R. Il est indifférent de nommer l'octave huitième ou premier degré, vu que l'octave n'est que la répétition du premier degré que l'on nomme tonique.

GAMME DU TON D'UT.

Tonique.   Tonique.

1ᵉʳ degré 2ᵐᵉ 3ᵐᵉ 4ᵐᵉ 5ᵐᵉ 6ᵐᵉ 7ᵐᵉ 8ᵐᵉ ou 1ᵉʳ degré

GAMME DU TON DE SOL.

Tonique.   Tonique.

1ᵉʳ degré 2ᵐᵉ 3ᵐᵉ 4ᵐᵉ 5ᵐᵉ 6ᵐᵉ 7ᵐᵉ 8ᵐᵉ ou 1ᵉʳ degré

Le même ordre subsiste dans toutes les autres gammes

ARTICLE XVII.

DES DEUX GENRES DE DEMI-TONS ET DE LA MANIÈRE DE LES DISTINGUER.

D. Combien y a-t-il de sortes de demi-tons?

R. Deux, le demi-ton diatonique et le demi-ton chromatique [1].

D. Comment connait-on le demi-ton diatonique?

R. C'est lorsque deux notes sont placées l'une sur la ligne et l'autre dans l'intervalle le plus prochain.

EXEMPLES DE DEMI-TONS DIATONIQUES.

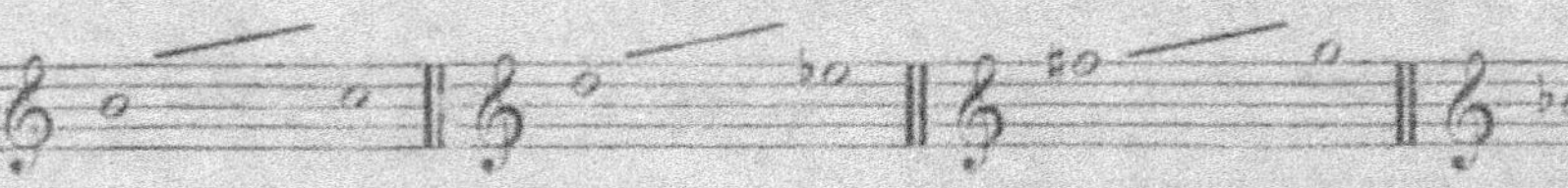

D. Comment connait-on le demi-ton chromatique?

R. C'est lorsque deux notes sont sur la même ligne ou sur le même intervalle par le moyen du dièse ou du bémol.

EXEMPLES DE DEMI-TONS CHROMATIQUES.

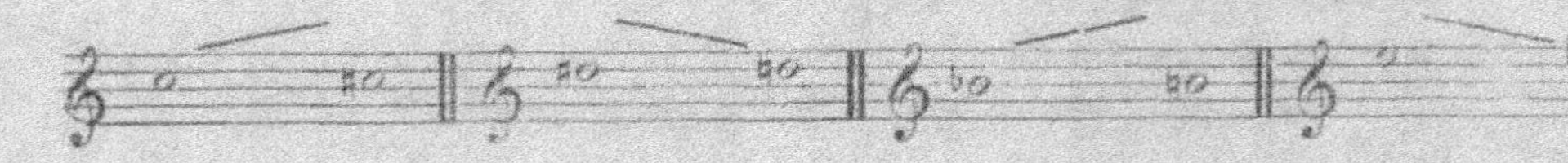

---

(1) Le demi-ton diatonique se fait par l'emploi de deux notes, soit en montant soit en descendant par degrés conjoints, comme de *si* à *ut*, de *ré* à *mi* bémol, de *fa* dièse à *sol* naturel, ou de *si* bémol à *la* naturel. (Voyez les exemples de demi-tons diatoniques ci-dessus. Le demi-ton chromatique s'opère en faisant passer la même note successivement du naturel au dièse, du dièse au naturel; du bémol au naturel, du naturel au bémol. (Voyez les exemples de demi-tons chromatiques ci-dessus.)

ARTICLE XVIII.

INTERVALLES DES NOTES DANS L'ORDRE NATUREL.

Demandes	Réponses.	Demandes.	Réponses.
Comment nomme-t-on deux notes sur le même degré, je suppose *ut* et *ut* ?	Unisson.	Comment nomme-t-on la distance d'*ut* à *sol* ?	Quinte
Comment nomme-t-on la distance d'*ut* à *ré* ?	Seconde.	—————— d'*ut* à *la* ?	Sixte.
—————— d'*ut* à *mi* ?	Tierce.	—————— d'*ut* à *si* ?	Septième.
—————— d'*ut* à *fa* ?	Quarte.	—————— d'*ut* à *ut* ?	Octave.

ARTICLE XIX.

RENVERSEMENT DES INTERVALLES DANS L'ORDRE NATUREL [1].

Demandes.	*Réponses.*	*Demandes.*	*Réponses.*
Que devient un unisson renversé?	Octave.	Que devient une quinte renversée?	Quarte.
une seconde renversée?	Septième.	une sixte renversée?	Tierce.
une tierce renversée?	Sixte.	une septième renversée?	Seconde.
une quarte renversée?	Quinte.	une octave renversée?	Unisson.

(1) On trouvera aisément le renversement d'un intervalle donné en se rappelant que les nombres qui distinguent un intervalle de son renversement, étant réunis, doivent former le nombre *neuf*. Ainsi l'unisson (marqué par le nombre 1) donne l'octave (marqué par le nombre 8); la 2de donne la 7me, la 3e donne la 6te, la 4e donne la 5te, la 6te donne la 3ce, la 7me donne la 2de; de l'addition de chacun de ces couples résulte le nombre *neuf*. (P.)

ARTICLE XX.

COMPOSITION DES INTERVALLES [1].

D. De quoi est composée une seconde mineure? — *R.* D'un demi-ton.

D. De quoi est composée une seconde majeure? — *R.* D'un ton.

D. De quoi est composée une seconde augmentée? — *R.* D'un ton et d'un demi-ton.

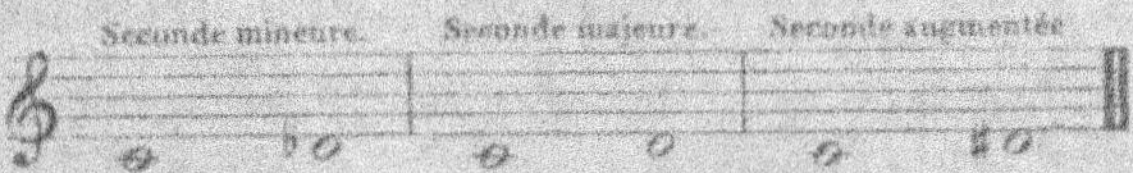

D. De quoi est composée une tierce diminuée? — *R.* De deux demi-tons.

D. De quoi est composée une tierce mineure? — *R.* D'un ton et d'un demi-ton.

D. De quoi est composée une tierce majeure? — *R.* De deux tons.

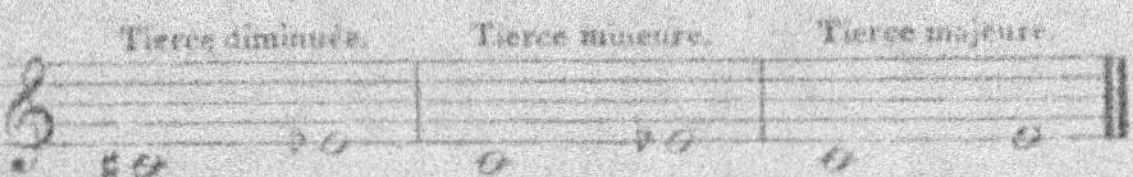

D. De quoi est composée une quarte diminuée? — *R.* D'un ton et deux demi-tons.

D. De quoi est composée une quarte juste? — *R.* De deux tons et un demi-ton.

D. De quoi est composée une quarte augmentée? — *R.* De trois tons.

D. De quoi est composée une quinte diminuée? — *R.* De deux tons et deux demi-tons.

D. De quoi est composée une quinte juste? — *R.* De trois tons et un demi-ton.

D. De quoi est composée une quinte augmentée? — *R.* De trois tons et deux demi-tons.

---

[1] Tous les intervalles naturels de la gamme sont *majeurs*, à l'exception de la quarte et de la quinte, qui sont *justes* ou *inaltérés*; tous les intervalles dits majeurs, lorsqu'ils sont haussés d'un demi-ton, se nomment *augmentés*; lorsqu'ils sont baissés d'un demi-ton, ils sont *mineurs*; pour qu'ils soient *diminués*, il faut qu'ils soient baissés de deux demi-tons.

Ceux qui sont *justes* ou *inaltérés*, la quarte et la quinte, sont augmentés avec un demi-ton au-dessus, et diminués avec un demi-ton au-dessous; ils ne peuvent être ni majeurs ni mineurs.

(P.)

D. De quoi est composée une sixte mineure? — *R.* De trois tons et deux demi-tons.

D. De quoi est composée une sixte majeure? — *R.* De quatre tons et un demi-ton.

D. De quoi est composée une sixte augmentée? — *R.* De quatre tons et deux demi-tons.

D. De quoi est composée une septième diminuée? — *R.* De trois tons et trois demi-tons.

D. De quoi est composée une septième mineure? — *R.* De quatre tons et deux demi-tons.

D. De quoi est composée une septième majeure? — *R.* De cinq tons et d'un demi-ton.

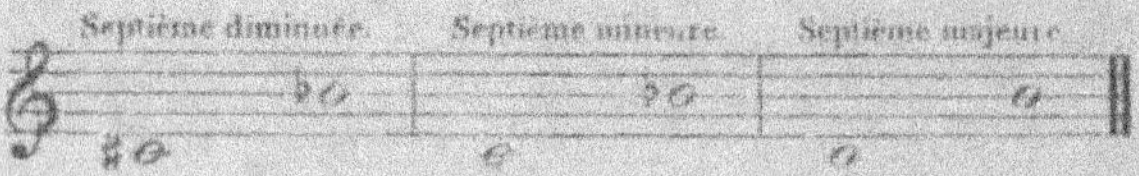

D. De quoi est composée l'octave? — *R.* De cinq tons et deux demi-tons (1).

---

(1) Les élèves pouvant difficilement retenir la composition de tous les intervalles, il suffit qu'ils connaissent d'une manière imperturbable les trois principaux : la tierce, la quinte et l'octave.

Chaque fois qu'on les interrogera sur la composition de tout autre intervalle, ils devront le comparer à celui des trois intervalles connus le plus rapprochés : tierce, quinte et octave; la seconde et la quarte à la tierce, la sixte à la quinte et la septième à l'octave; ils n'auront qu'à ajouter ou retrancher l'intervalle complémentaire.

(P.)

ARTICLE XXI.

DU RENVERSEMENT DES INTERVALLES DU MINEUR AU MAJEUR ET DE L'AUGMENTÉ AU DIMINUÉ.

D. Que devient une seconde mineure renversée? — *R.* Une septième majeure.
une seconde majeure renversée? — *R.* Une septième mineure.
une seconde augmentée renversée? — *R.* Une septième diminuée.

D. Que devient une tierce diminuée renversée? — *R.* Une sixte augmentée.
une tierce mineure renversée? — *R.* Une sixte majeure.
une tierce majeure renversée? — *R.* Une sixte mineure.

D. Que devient une quarte diminuée renversée?   *R.* Une quinte augmentée.
———————— une quarte juste renversée?   *R.* Une quinte juste.
———————— une quarte augmentée renversée?   *R.* Une quinte diminuée.

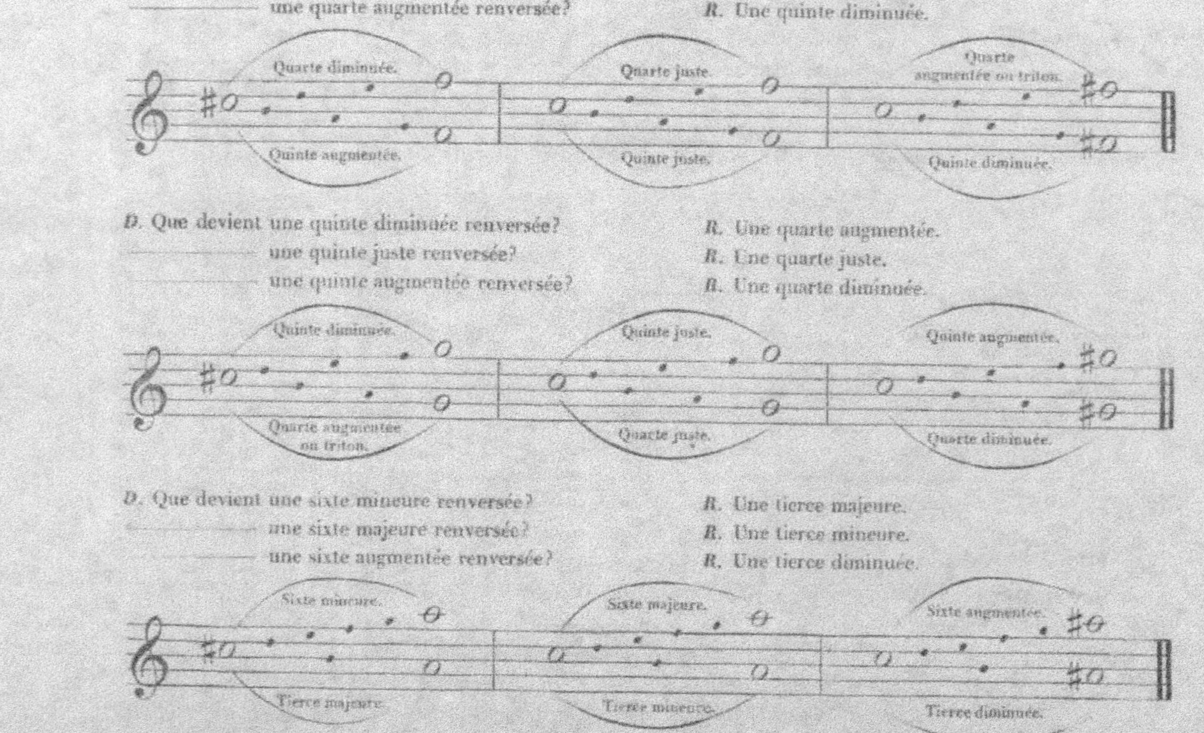

D. Que devient une quinte diminuée renversée?   *R.* Une quarte augmentée.
———————— une quinte juste renversée?   *R.* Une quarte juste.
———————— une quinte augmentée renversée?   *R.* Une quarte diminuée.

D. Que devient une sixte mineure renversée?   *R.* Une tierce majeure.
———————— une sixte majeure renversée?   *R.* Une tierce mineure.
———————— une sixte augmentée renversée?   *R.* Une tierce diminuée.

D. Que devient une septième diminuée renversée?　　　*R.* Une seconde augmentée.

——　—— une septième mineure renversée?　　　*R.* Une seconde mineure.

——　—— une septième majeure renversée?　　　*R.* Une seconde majeure.

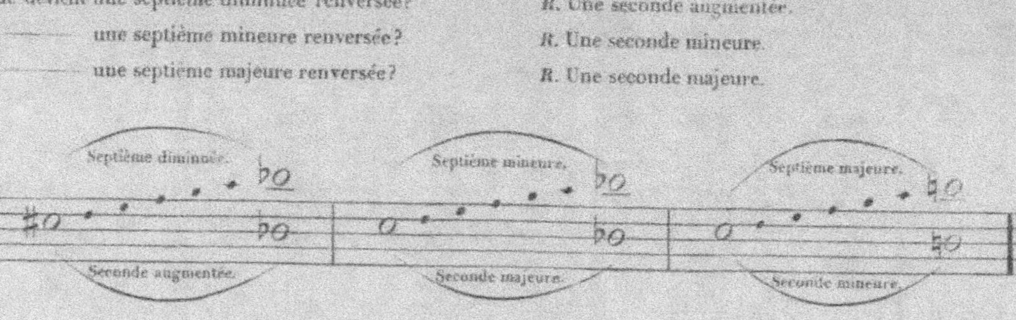

ARTICLE XXII.

RÈGLE POUR SAVOIR CE QU'IL FAUT FAIRE POUR PASSER D'UN TON MINEUR A SON MAJEUR, ET D'UN TON MAJEUR
A SON MINEUR PAR LE MOYEN DE TROIS DIÈSES.

D. Dans quel mode est le ton de *la* naturel lorsqu'il n'y a ni dièses ni bémols à la clef?

R. Dans le mode mineur.

D. Que faut-il faire pour passer de *la* mineur à son majeur?

R. Ajouter trois dièses à la clef.

Du ton de *la* mineur au ton de *la* majeur.

D. Que faut-il faire (règle générale) dans tous les tons mineurs avec des dièses pour les rendre majeurs? — *R.* Toujours ajouter trois dièses au nombre qui se trouve à la clef.

TONS MINEURS AVEC DES DIÈSES RENDUS MAJEURS.

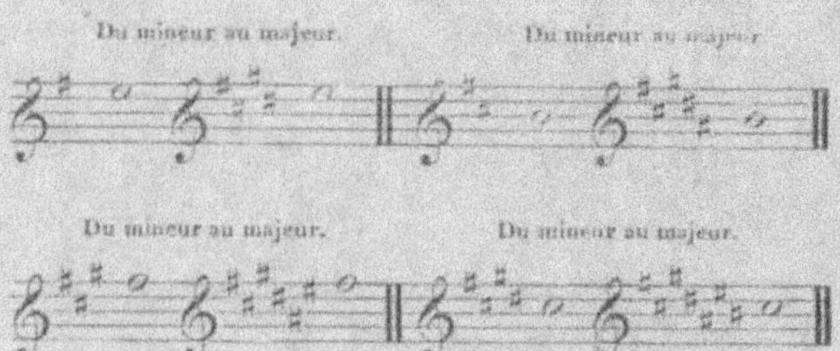

D. Que faut-il faire dans tous les tons majeurs avec des dièses pour les rendre mineurs? — *R.* Toujours retrancher trois dièses à la clef.

TONS MAJEURS AVEC DES DIÈSES RENDUS MINEURS.

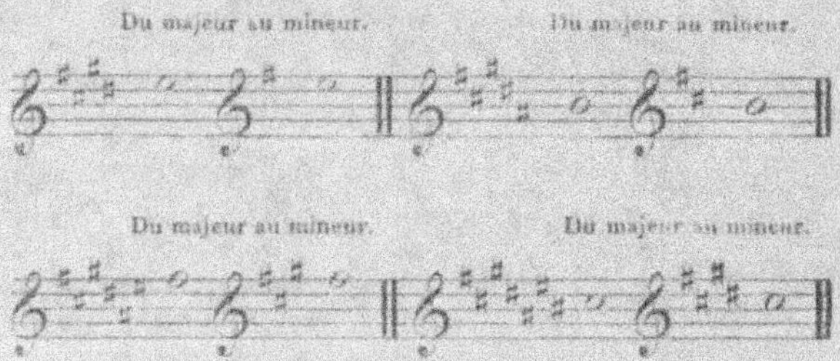

D. Comment retrancher trois dièses de la clef dans le ton de *ré* majeur qui n'en a que deux? — *R.* Il faut retrancher les deux dièses qui sont à la clef, et substituer un bémol en leur place.

D. Comment retrancher trois dièses de la clef dans le ton de *sol* majeur qui n'en a qu'un? — *R.* Il faut retrancher le dièse qui est à la clef et substituer deux bémols en sa place.

ARTICLE XXIII.

RÈGLE POUR SAVOIR CE QU'IL FAUT FAIRE POUR PASSER D'UN TON MAJEUR A SON MINEUR,
ET D'UN MINEUR A SON MAJEUR, PAR LE MOYEN DE TROIS BÉMOLS.

D. Dans quel mode est le ton d'*ut* naturel? — *R.* Dans le mode majeur.

D. Que faut-il faire pour passer du ton d'*ut* majeur à son mineur? — *R.* Il faut ajouter trois bémols à la clef.

D. Que faut-il faire (règle générale) dans tous les tons majeurs avec des bémols pour les rendre mineurs? — *R.* Il faut toujours ajouter trois bémols au nombre qui se trouve à la clef.

TONS MAJEURS AVEC DES BÉMOLS RENDUS MINEURS.

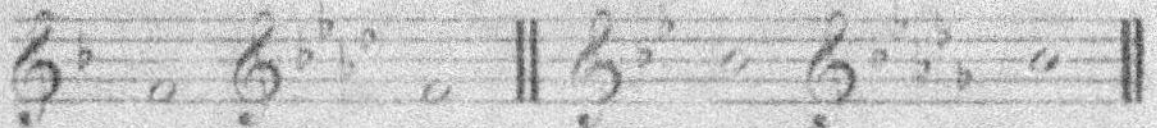

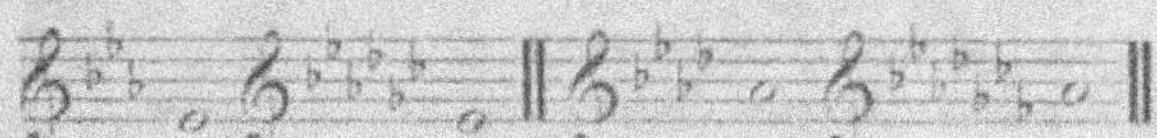

D. Que faut-il faire dans tous les tons mineurs avec des bémols pour les rendre majeurs? — *R.* Il faut toujours retrancher trois bémols au nombre qui se trouve à la clef.

TONS MINEURS AVEC DES BÉMOLS RENDUS MAJEURS.

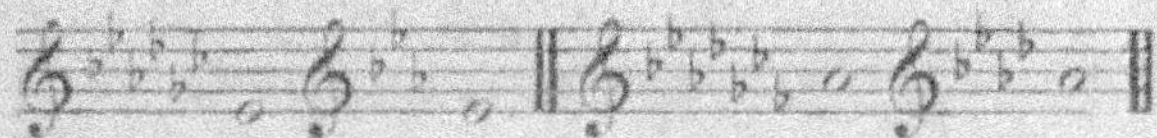

D. Comment retrancher de la clef trois bémols dans le ton de *sol* mineur qui n'en a que deux? — *R.* Il faut retrancher les deux bémols qui sont à la clef et substituer un dièse en leur place.

Du ton de *sol* mineur au ton de *sol* majeur.

D. Comment retrancher de la clef trois bémols dans le ton de *ré* mineur qui n'en a qu'un? — *R.* Il faut retrancher le bémol qui est à la clef et substituer deux dièses en sa place.

Du ton de *ré* mineur au ton de *ré* majeur

ARTICLE XXIV.

DES CARACTÈRES ACCIDENTELS (1).

D. Combien y a-t-il de caractères qui puissent être accidentels? — *R.* Trois : le dièse, le double-dièse et le bécarre.

D. Qu'entendez-vous par caractères accidentels? — *R.* Ce sont des caractères qui ne sont pas à la clef.

D. Dans quels modes ces caractères sont-ils accidentels? — *R.* Dans tous les modes mineurs.

D. A quoi sert le dièse accidentel? — *R.* A hausser le septième degré d'un demi-ton.

D. A quoi sert le double-dièse accidentel? — *R.* A hausser d'un demi-ton le septième degré qui est déjà dièsé à la clef.

D. A quoi sert le bécarre accidentel? — *R.* A hausser d'un demi-ton le septième degré qui est bémolisé à la clef.

D. Pourquoi hausse-t-on toujours le septième degré dans les modes mineurs? — *R.* Pour le rendre note sensible.

---

(1) Dans tous les tons mineurs avec des dièses, le dièse accidentel n'a lieu que lorsqu'il y a depuis un jusqu'à quatre dièses à la clef; sitôt qu'il y en a cinq, il faut avoir recours au double-dièse pour hausser le septième degré qui se trouve déjà dièsé à la clef. Dans les tons mineurs avec des bémols, il n'y a que deux tons dont la note sensible puisse être caractérisée au moyen du dièse accidentel. Sitôt qu'il y a trois bémols à la clef, il faut avoir recours au bécarre pour hausser le septième degré qui est bémolisé à la clef. (*Voyez* les exemples ci-dessus.)

EXEMPLE DU DIÈSE, DU DOUBLE-DIÈSE ET DU BÉCARRE ACCIDENTELS PLACÉS EN TÈTE DE TOUS LES TONS MINEURS.

ARTICLE XXV.

DES AGRÉMENTS DU CHANT.

Le *port de voix*, que l'on nomme aussi note de goût, d'agrément ou petite note, est désigné par une note plus petite que les autres. La petite note ne se nomme point en solfiant; on la fait seulement sentir en nommant la note avec laquelle elle est liée. On verra dans les exemples suivants l'emploi de la petite note sur tous les intervalles praticables.

Par intervalle de sixte.
Par intervalle de septième diminuée.
Par intervalle de septième mineure.
Par intervalle d'octave.
Par intervalle de dixième.
Résumé de tous les intervalles.
Agrément par retardement.
Agrément par anticipation.

NOTES DÉTACHÉES.

Les notes détachées sec sont quelquefois désignées par des petits points ou des petites barres que l'on met au-dessus.

NOTES COULÉES, LIÉES ET SYNCOPÉES.

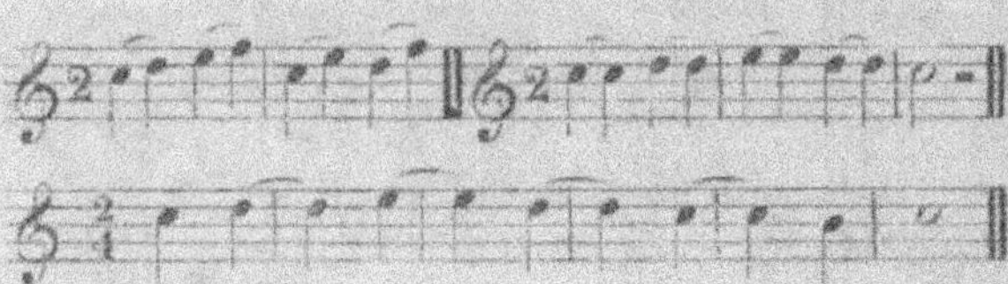

REPRISES.

Les quatre signes marqués ci-après servent à séparer les reprises d'un morceau de musique. Le premier signe, qui n'a pas de points, marque qu'il faut aller de suite; le second, qui a des points à gauche, marque qu'il faut dire deux fois la première reprise; le troisième, qui a des points à droite, marque qu'il faut dire deux fois la seconde reprise; enfin le quatrième, qui a des points des deux côtés, marque qu'il faut dire deux fois chaque reprise.

RENVOI.

Le *renvoi* ($) sert à ramener de la fin d'un morceau de musique au commencement. On met toujours deux renvois; le second ramène au premier.

POINT D'ORGUE.

Le *point d'orgue*, que l'on nomme aussi *fermat*, ou *point d'arrêt*, est un repos que l'on fait plus ou moins long. Pendant ce repos, la partie récitante (s'il y en a une), a quelquefois le loisir de faire différents passages à sa volonté. Dans d'autres cas, le point d'orgue est un repos général.

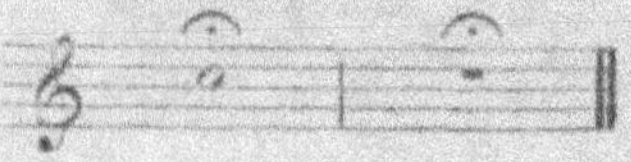

GUIDON.

Le *guidon* est un signe qui se met ordinairement à la fin de chaque portée, et qui sert à indiquer la première note de la portée qui suit :

SIGNES D'INTENSITÉ.

Le signe marqué ainsi —————— sert à indiquer qu'il faut augmenter les sons.

Le signe marqué ainsi —————— sert à indiquer qu'il faut diminuer les sons.

Et le signe marqué ainsi —————— sert à indiquer qu'il faut augmenter le son jusqu'au milieu, et ensuite le diminuer.

CADENCES.

La *cadence* (1) se fait par le moyen de deux notes que l'on fait entendre successivement ; le battement de ces deux notes prend ordinairement son appui sur la pénultième note d'une phrase musicale.

Il y a deux sortes de cadences : l'une est la cadence pleine ; elle consiste à ne commencer le battement de voix qu'après en avoir appuyé la note supérieure ; l'autre s'appelle cadence brisée, et l'on y fait le battement de voix sans aucune préparation.

(1) C'est à tort que l'on se sert du mot *cadence* en ce cas ; il faut dire *trille*.

(P.)

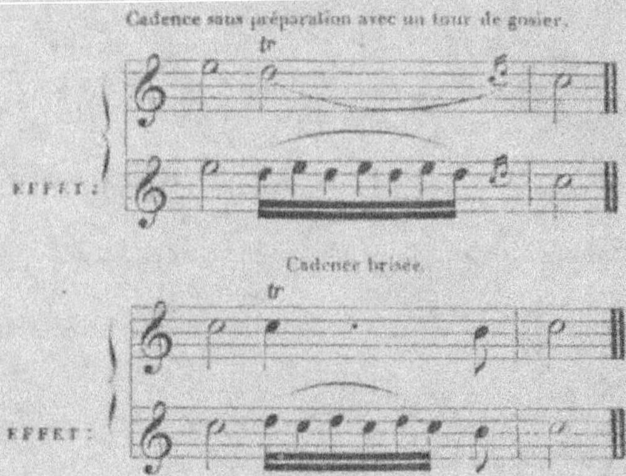

ARTICLE XXVI.

LISTE DES TERMES ITALIENS POUR L'INDICATION DES MOUVEMENTS ET DES NUANCES.

INDICATIONS DE MOUVEMENT.

D. Qu'est-ce que le mouvement en musique? — *R.* Le mouvement est le degré de lenteur ou de vitesse que l'on donne à la mesure, et dans lequel on exécute un morceau de musique (1).

TERMES ITALIENS.	SIGNIFICATION.
Grave.	Grave, le plus lent de tous les mouvements.
Largo.	Large, sévère.
Lento.	Lent.
Larghetto.	Largement, moins sévère que *largo.*
Adagio.	Lentement, posément.
Sostenuto.	Soutenu, lentement en soutenant les sons.
Maestoso.	Majestueux.
Affettuoso.	Affectueux.
Cantabile.	Chanter avec goût, avec grâce.
Tempo di menuetto.	Temps de menuet.
Tempo di marcia.	Temps de marche.
Andante.	Allez, mouvement gracieux.
Andantino.	Un peu moins lent que l'*andante.*
Tempo giusto.	Temps juste, ni trop lent, ni trop vite.
Grazioso.	Gracieux.
Allegretto ou *All^{tto}.*	D'une vivacité modérée et gracieuse.
Allegro ou *All^g.*	Gai, vif.
Presto.	Vif, animé, rapide.
Prestissimo.	Très-vif, impétueux.

(1) Consultez le petit instrument dit *métronome de Mælzel.* Je l'ai adopté depuis mon voyage de Munich en 1815; dans toutes mes publications, je m'en sers.   (P.)

TERMES AJOUTÉS AUX INDICATIONS DE MOUVEMENT.

TERMES ITALIENS.	SIGNIFICATION.
Doloroso.	Douloureux.
Con espressione.	Avec expression.
Moderato.	Modéré.
Comodo.	Commode.
Non troppo.	Pas trop.
Quasi.	Presque.
Con brio.	Brillant.
Brioso.	Vif, agile.
Agitato.	Agité.
Scherzando.	Gai, léger, en badinant.
Mosso.	Animé.
Con moto.	Avec mouvement.
Molto.	Beaucoup.
Assai.	*Idem.*

INDICATIONS DE NUANCES ET D'EXPRESSION.

D. Qu'indiquent les nuances? — *R.* Les nuances indiquent le degré de force ou de faiblesse que l'on doit donner aux sons dans le cours d'un morceau.

TERMES ITALIENS.	ABRÉVIATIONS.	SIGNIFICATION.
Piano	ou *p*	Faible, doux.
Pianissimo.	*pp*	Très-faible, très-doux.
Dolce.	*dol.*	Doux.
Forte.	*f*	Fort.
Fortissimo.	*ff*	Très-fort.
Mezzo forte.	*mf*	Demi-fort.
Sforzato.	*sfz*	Forcé subitement.
Rinforzando.	*rinf.*	En renforçant.
Crescendo.	*cresc.*	En augmentant de force.
Decrescendo.	*decresc.*	En diminuant de force.
Diminuendo.	*dim.*	*Idem.*
Smorzando.	*smorz.*	En mourant, éteindre.
Morendo.	*moren.*	*Idem.*
Legato.	*leg.*	Lié.
Staccato.	*stac.*	Détaché.
Portamento.	*portam.*	Porté.
Ritardando.	*ritard.*	En retardant.
Rallentando.	*rall.*	En ralentissant.
Ritenuto.	*rit.*	Retenu.

TERMES ITALIENS.	ABBÉVIATIONS.	SIGNIFICATION.
Accelerando.	*accel.*	En accélérant.
Stringendo.	*string.*	En serrant.
A tempo ou *Tempo I*.		Premier mouvement.
Espressivo.	*espress.*	Expressif.
Leggiero.	*legg.*	Léger.
Con anima.		Avec âme.
Con spirito.		Avec chaleur.
Con grazia.		Avec grâce.
Con gusto.		Avec goût.
Con delicatezza.		Avec délicatesse.
Con allegrezza.		Avec joie, allégresse.
Con fuoco.		Avec feu.
Caldando.		En échauffant l'exécution.
Con calore.		Avec chaleur.
Con forza.		Avec force.
Animato.		Animé.
Ben marcato.		Bien marqué.
Ad libitum.		A volonté.
A piacere.		A plaisir.
Poco a poco.		Peu à peu.

PROPOSITION D'UN NOUVEAU SIGNE

QUI SERVE A DISTINGUER, SANS DIFFICULTÉ, LE MODE MAJEUR D'AVEC LE MODE MINEUR.

Tous les musiciens savent que, lorsqu'il n'y a ni dièses ni bémols à la clef, l'on est en *ut* majeur ou en *la* mineur; mais lequel des deux? c'est une difficulté à résoudre. Si un morceau de musique est en *ut* majeur, il peut commencer par *ut*, ou *mi*, ou *sol*; si le morceau est en *la* mineur, il peut commencer par *la*, ou *ut*, ou *mi*. Mais si le morceau commence par *ut* et *mi*, ces deux notes appartiennent indistinctement au ton d'*ut* et au ton de *la*; il faut donc avoir recours à l'enchaînement des premières phrases pour résoudre la question. Beaucoup d'écoliers regardent la dernière note du morceau pour en connaître le ton; ce moyen serait bon si toutes les parties finissaient par la tonique, mais le second violon finit souvent par la tierce; l'alto finit tantôt par la tierce, tantôt par la quinte; le premier violon même finit quelquefois par la tonique, la tierce et la quinte en même temps. Il faudrait donc, pour qu'il ne restât aucun doute sur le ton, avoir un signe général et certain qui le désignât d'une manière sensible et claire. Celui que je propose est de mettre en tête de chaque morceau de musique (avant de poser la première clef) le caractère accidentel qui sert à distinguer la note sensible dans les tons mineurs seulement.

Dans les tons majeurs par dièses, la note sensible est toujours le dernier dièse posé après la clef; et dans les tons majeurs par bémols, la note sensible est toujours une note naturelle (1), au lieu que dans les tons mineurs par dièses, la note sensible ne se fait voir ou entendre qu'au moyen d'un dièse ou d'un double-dièse étranger que l'on emprunte, vu qu'il n'est pas posé après la clef. De même, dans les tons mineurs par bémols, la note sensible ne se fait entendre ou voir qu'au moyen d'un dièse ou d'un bécarre que l'on emprunte, vu qu'il n'est pas posé à la clef. C'est ce signe que je propose de mettre devant la clef, à la tête de tous les tons mineurs. (Voyez l'exemple général que j'en donne page 27.) Il résulte de ma proposition que, mettant toujours en tête d'un morceau de musique le caractère ou signe accidentel qui détermine la note sensible, soit devant la clef pour les tons mineurs, ou après la clef pour les tons majeurs, il résulte, dis-je, qu'un écolier, même le moins avancé, saura connaître du premier coup d'œil ce qu'il ne peut apprendre et concevoir que par une longue habitude (2).

---

(1) Excepté le cas où l'on voudrait mettre sept bémols à la clef, chose inusitée.

(2) Le signe proposé par Rodolphe pour la distinction facile du mode majeur d'avec le mode mineur n'ayant pas été adopté, les élèves manquent de moyens pour les reconnaître. Les harmonistes ont des procédés certains, mais auxquels on ne peut initier des élèves de solfége. Je vais en indiquer un qui m'a toujours réussi dans mes leçons.

J'enseigne à l'élève de quels intervalles est composé l'accord parfait, et cette connaissance, facile à acquérir, suffit pour l'amener à celle du mode.

Cet accord est formé de tierce et quinte : en *ut*, c'est *ut, mi, sol*; en *la*, c'est *la, ut, mi*.

Si dans les premières mesures d'une leçon sans dièses ni bémols à la clef l'élève trouve, soit au chant, soit à la basse, la succession ou l'accord *ut, mi, sol*, le morceau est en *ut* majeur; s'il trouve la succession ou l'accord *la, ut, mi*, le ton est celui de *la* mineur.

De même pour les autres tons : en *sol* majeur avec un dièse à la clef, l'accord parfait est *sol, si, ré*; dans le ton relatif, c'est *mi, sol, si*.　(P.)

FIN DES PRINCIPES.

ÉTENDUE DU CLAVIER.

Des six octaves indiquées ci-dessous, le clavier du piano s'est élevé à sept octaves, du *la* au *la*, par l'addition, au grave, des cinq notes : *la*, *si*, *do*, *ré* et *mi*, avec les trois touches noires intermédiaires, *la* ♯ ou *si* ♭, *ut* ♯ ou *ré* ♭, *ré* ♯ ou *mi* ♭ ; et à l'aigu, des deux notes, *sol* et *la*, avec les deux touches noires intermédiaires, *fa* ♯ ou *sol* ♭, *sol* ♯ ou *la* ♭.

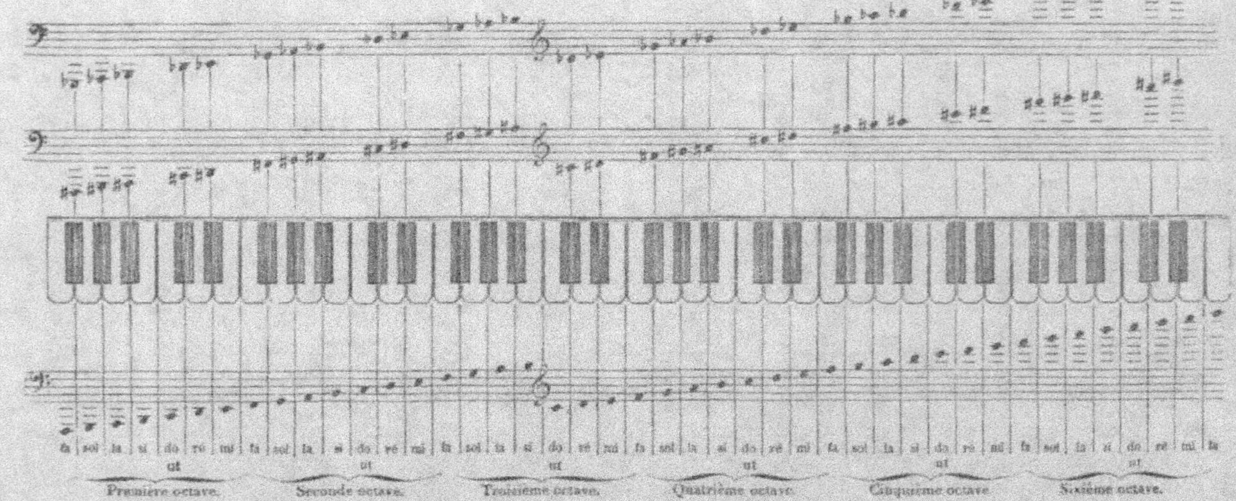

www.ingramcontent.com/pod-product-compliance
Lightning Source LLC
LaVergne TN
LVHW021047050726
842519LV00003B/1048